AF404746

I 27
.n
20149

M. ALBIN DE VAUXONNE.

Le deuil d'une population tout entière nous apporte la nouvelle d'un malheur public, que depuis quelques jours nous n'avions, hélas ! que trop justement pressenti. M. Albin-Fortuné-Pierre-Paul Sain-Rousset de Vauxonne, maire de la commune de Vaux, arrondissement de Villefranche (Rhône), ancien officier du génie, vient de terminer, à l'âge de 52 ans, une de ces carrières d'homme de bien, que la Providence présente de temps en temps aux populations comme un exemple fécond en bons et durables enseignements. Fils aîné de M. Sain-Rousset de Vauxonne, baron de l'Empire, qui avait présidé sous le Consulat à l'administration municipale de la ville de Lyon, M. Albin de Vauxonne avait puisé dans les exemples héréditaires d'une noble famille, la sévérité des principes d'honneur, l'entier dévoûment à la chose publique, l'aménité et l'élévation du caractère, la simplicité des goûts et des habitudes, qui ont attiré sur son existence tant et de si touchantes sympathies. Sorti avec distinction de l'école polytechnique, avec le grade de sous-lieutenant du génie, M. de Vauxonne ne tarda pas à s'élever, par ses honorables services dans cette arme distinguée, au grade de capitaine. Il eut le bonheur d'être appelé à faire partie de cette expédition que la France avait noblement chargée d'aller acquitter en Morée la dette de civilisation que les peuples modernes avaient contractée envers la Grèce des anciens temps. Ce fut au retour de cette glorieuse campagne, qu'après 17 années du service le plus honorable, il put prendre enfin possession de cette vie modeste, calme et retirée, qu'il rêvait depuis longtemps, et qui devait être marquée par tant d'exemples d'abnégation personnnelle et de complet dévoûment aux intérêts de ses concitoyens.

Ce fut d'abord dans la commune de Lancié qu'il établit sa résidence, et qu'il commença à produire ces hautes vertus, qu'il devait développer plus tard avec autant de distinction que de modestie. Dès lors, ceux qui l'approchaient purent apprécier tout ce que son cœur renfermait d'exquise bonté, de parfaite urbanité, de douce bienveillance pour tout le monde, pour les malheureux surtout qui ne se retiraient jamais mécontents d'auprès de lui.

Bientôt il reconnut que la commune de Vaux où se trouvait le château paternel, semblait s'offrir à lui comme le lieu où il lui serait permis de donner le plus large développement aux nobles instincts dont il sentait son cœur pénétré. Il avait en effet reconnu avec douleur que cette commune, une des plus fertiles et des plus étendues en territoire de tout le département, était en même temps une des plus deshéritées au point de vue de ses communications intérieures et extérieures ; qu'elle était par le fait presqu'entièrement isolée des communes voisines, et qu'il résultait de cet état d'infériorité une immense dépréciation de sa valeur territoriale. Avec la justesse d'esprit qui le caractérisait, M. de Vauxonne ne tarda pas à reconnaître que, s'il parvenait à doter la commune, objet de ses constantes prédilections , d'une bonne vicinalité , il lui ouvrirait les portes d'une prospérité croissante , dont il paraissait à peine permis alors d'espérer la réalisation. M. Albin de Vauxonne se mit donc courageusement à l'œuvre , et en poussa jusqu'à sa mort l'accomplissement avec une persévérance qui ne s'est jamais démentie. Ce fut en 1840 , sous l'administration de M. Gouillon , maire , qu'il entreprit , avec le titre modeste de commissaire-général aux chemins , la régénération vicinale de la commune , à laquelle il avait voué toute la puissance de sa volonté.

Investi des fonctions de maire au mois d'août 1844 , il poursuivit son œuvre de prédilection , consacrant personnellement des journées entières à la surveillance et à la direction des travaux , dont les plans étaient le plus souvent dressés sur ses indications. Dans son zèle ardent et infatigable , il ne cessait de joindre à son propre concours , celui de ses domestiques , de ses chevaux , de ses voitures et de ses vignerons. Il y ajoutait des souscriptions , fréquemment remplies par les membres de sa famille ; et lui même y figurait pour des sommes considérables , qui souvent ne s'élevaient pas à moins de 1,000 à 1,500 francs en une seule fois. Un dévoûment si constant et si désintéressé avait fréquemment pour résultat d'appeler , sur le développement vicinal dont il était l'âme, les libéralités départementales , destinées à venir en aide aux communes qui s'imposent d'intelligents sacrifices pour l'amélioration de cet élément si important de leur prospérité. Dans tous les cas , c'était un noble exemple offert dans la carrière municipale. Au mois de septembre 1848 , rappelé au conseil de sa commune par le suffrage universel , les fonctions de maire lui furent confirmées , dans une élection où sa voix manqua seule à l'unanimité. De nouvelles souscriptions furent ouvertes, dans le double but de secourir les ouvriers sans travail et d'assurer le développement de la prospérité communale. Tant de dévoûment et de sacrifices devaient avoir leur récompense ; et il fut donné à M. Albin de Vauxonne de voir presque terminé le vaste ensemble de chemins auquel il avait consacré son infatigable énergie. Déjà, trois belles voies dirigées sur Villefranche, sur Saint-Cyr et sur Claveizolles, avaient ouvert de larges débouchés aux produits agricoles de la commune, et élevé sensiblement leur valeur vénale. Déjà, le réseau des chemins de moindre importance commençait à relier les différentes sections de la commune, et à mettre en rapport des points qui jusques-là avaient été considérés comme à peu près inaccessibles ; de nombreux ponts avaient été jetés sur les torrents qui sillonnent cette commune si diversement accidentée ; et M. de Vauxonne entrevoyait le terme prochain de l'œuvre considérable à laquelle il s'était voué.

Mais Dieu avait marqué là le terme d'une carrière si laborieuse et si féconde en résultats utiles. Cet homme de bien, dans la poursuite de son but, avait songé à toutes choses, hors aux soins que réclamait sa santé. Une maladie du cœur s'était déclarée, et longtemps il n'y porta qu'une attention distraite. Enfin le mal fit des progrès, et éclata avec violence vers les premiers jours du mois de janvier 1851. Ni les tendres soins d'une famille éplorée, ni les secours de l'art, qui lui furent administrés par un ami de la maison, homme habile et dévoué, ne purent obtenir d'autre résultat que de retarder pour quelque temps le développement des symptômes qui s'étaient déclarés. Il eut fallu voir, à cette fatale nouvelle, la douleur qui s'empara de l'âme de tous les habitants ; l'affluence des visiteurs en larmes, qui allaient au loin, sur la route de l'homme de l'art, pour recueillir avec avidité les paroles d'espoir qu'il croyait devoir laisser tomber en passant ; l'anxiété qui se peignait sur toutes les figures, et allait se traduire en ferventes prières au pied des autels. Témoin et profondément touché de ces expressions de l'universelle sympathie, le malade comprit bientôt toute la gravité de son état ; mais il resta calme, résigné, et ne s'émut point, sinon pour exprimer le regret de mourir, quand il lui restait tant de bien à répandre autour de lui. Ses dernières et plus solennelles pensées furent pour la religion dont il accomplit pieusement les derniers devoirs entre les mains du digne pasteur de la paroisse ; pour les membres de son infortunée famille, si éplorée autour de son lit de douleur, et qu'il allait laisser dans le désespoir ; pour ses domestiques enfin, qu'il priait de lui pardonner les impatiences dont il avait pu quelquefois payer leurs bons et loyaux services. Enfin, le sacrifice fut consommé le 22 février dernier, à trois heures du soir. En peu d'instants, la nouvelle du commun malheur se répandit au loin et dans les lieux les plus reculés. Les travaux furent aussitôt abandonnés. Pendant trois jours, on vit une affluence sans exemple de personnes en larmes et donnant des marques du plus violent désespoir, venir se prosterner aux pieds de cette tombe qui renfermait des dépouilles si vénérées. Jamais on n'avait vu éclater un deuil plus sincère, plus spontané, plus universel. La même affluence et les mêmes témoignages de profonde douleur, accompagnèrent la cérémonie funèbre, qui a eu lieu le 25 février ; et, quoique aucune lettre de part n'eut été adressée, la foule se pressait, aussi nombreuse qu'aux plus grandes solennités. Ceux-là même qu'on aurait pu considérer comme les adversaires ou les ennemis de cet homme de bien, s'empressaient de venir déposer le tribut de leurs regrets, au seuil de ce commun rendez-vous de toutes les passions, de toutes les haines et de toutes les affections humaines. C'est que le sens droit des populations avait merveilleusement compris qu'elles venaient de perdre à la fois un père tendre et un bienfaiteur ; un administrateur qui portait dans le dis-cussion, au sein du conseil, une lucidité et une autorité qui rendaient facile à tous l'intelligence de toutes les questions ; l'homme enfin qui avait arraché la commune à son état d'infériorité, en développant les germes de prospérité qu'elle possédait, en quelque sorte à son insu. — Trois discours ont été prononcés par de dignes citoyens de la commune, au moment où la tombe se refermait, discours empreints de la plus tendre émotion et des sentiments les plus en harmonie avec la douleur générale.

Nous apprenons avec bonheur qu'une souscription communale s'organise, pour perpétuer le souvenir de la reconnaissance des habitants de Vaux, par un monument funèbre, aussi simple et aussi modeste que la bienfaisance de celui auquel il est destiné. Touchant témoignage de la plus intelligente sympathie, qui honore ceux qui l'accordent, autant que la mémoire de celui qui en est l'objet ! Noble solidarité dans le bien, qui doit rester comme un enseignement, et qui mérite de porter des fruits abondants !

Discours prononcé sur la tombe de M. Albin de Vauxonne, maire de la commune de Vaux, le 25 février 1851, par *M. Colliard*, géomètre.

« Messieurs,

» Il n'est plus ce magistrat que nos cœurs étaient accoutumés à considérer comme un protecteur, un père, et dont la commune de Vaux pouvait à si juste titre s'enorgueillir Le voilà gisant dans la tombe n'emportant avec lui que l'affion, l'estime et la reconnaissance de ses administrés, douce récompense d'une vie coulée dans les bienfaits envers ses semblables et le dévoûment à son pays. Qu'il nous soit donc permis en ce triste jour de lui adresser notre dernier hommage.

» Je n'entreprendrai point, messieurs, de vous retracer toute l'histoire de cet illustre citoyen ; sa perte prématurée cause trop d'émotions ; trop de souvenirs récents s'attachent à sa mémoire pour s'appesantir sur les traces d'un passé lointain. Je vous présenterai de suite ce grand citoyen arrivant sur le théâtre de la vie civile après avoir bien mérité de sa patrie dans la carrière militaire.

» Vous vous rappelez, messieurs, sa double élection, le

14 juin 1840 , dans deux communes qui toutes deux se dis-
putaient l'honneur de le posséder au sein de leurs conseils
respectifs. Son choix alors ne fut pas douteux ; il opta pour
la commune qui avait reçu les premières impressions de sa
jeunesse et où son honorable père lui avait laissé de si nobles
traces à suivre.

» Alors une ère nouvelle s'ouvrit pour la commune. Sa pré-
sence au conseil municipal fut le signal d'un grand réveil.

» Jusqu'alors , dénuée de ressources , elle avait reculé devant les grandes entreprises qui couvaient dans son sein. Il
fallait, pour lui donner l'essor , un homme jouissant d'une
haute considération , d'une grande fortune et pardessus tout
un homme d'une grande générosité. Ces qualités se rencon--
trèrent dans l'illustre citoyen dout nous pleurons aujourd'hui
la perte.

» Rappelez-vous , messieurs, ces travaux qui s'exécutèrent
alors comme par enchantement. Avec quelle rapidité on vit
s'ouvrir ces routes qui offrent des débouchés si avantageux
pour la commune , construire ces ponts qui rendent la circu-
lation si commode et si sûre.

» Nommé maire le 6 août 1844 , M. Albin de Vauxonne
vit dans cette marque de confiance de l'autorité supérieure
un nouveau motif d'ajouter à son zèle et à ses sacrifices pour
la commune qu'il avait en quelque sorte adoptée. Je ne m'é-
tendrai pas sur tout ce qu'il a fait exécuter de beau et d'utile.
Vous le savez , il n'est pas un monument qui ne porte le ca-
chet de sa munificence. Pour lui ses joies les plus douces
étaient celles d'avoir contribué à faire quelque chose d'avan-

tageux à la com.nune , et il aurait regardé comme perdue une journée non employée à faire le bien.

» Connaissant tous les devoirs de sa place , il en remplissait les obligations avec la plus scrupuleuse exactitude.

» Un esprit sain et prompt , une grande facilité de rédaction , un travail continuel en avaient fait un des administrateurs les plus distingués de l'arrondissement. Aussi, conduits par un tel chef, les habitants de la commune de Vaux s'avançaient-ils rapidement dans la voie du progrès et excitaient l'envie et l'admiration des communes voisines.

» Magistrat digne et ferme , la vérité était pour lui la vie. Ennemi de cette basse flatterie , honte de la société , il ne pouvait la souffrir même dans les derniers rangs de ce peuple , qu'il respectait et dont il regardait la dignité d'homme comme devant égaler la sienne. Aussi s'appliqua-t-il constamment à moraliser, à faire travailler cette classe honnête et laborieuse qui ne demande qu'à voir mettre à contribution ses bras et ses talents.

» Tous les rangs , tous les âges trouvaient en lui la même affabilité ; il n'avait de distinction que pour le vrai mérite.

» Citoyen dévoué à la cause de l'ordre, il fut néanmoins un des grands défenseurs de la liberté individuelle et politique.

» Constamment au-dessus de la calomnie il se vengea souvent de ses ennemis en leur faisant du bien ; et si quelquefois il fut obligé de sévir pour le maintien des grands principes sociaux , ce ne fut jamais qu'à regret et après avoir essayé les remontrances paternelles.

» Par sa constante sollicitude pour les écoles , par son zèle à encourager les dons au bureau de bienfaisance , il a fait faire des progrès rapides à l'instruction dans la commune et augmenté considérablement le revenu des pauvres.

» Mais c'est surtout dans le cours de cette longue maladie qui l'a conduit au tombeau , que nous retrouvons en lui les qualités les plus dignes d'éloge. Toujours calme dans les douleurs les plus aigues , il semblait ne vivre que pour les autres. Vous parlerai-je de cette attention pour les personnes qui le soignaient , de cette candeur aimable , de cette piété exemplaire , de ces scènes touchantes qui ont fait l'admiration de tous ceux qui ont eu le bonheur de l'assister dans ses derniers moments. Que de consolations , que d'encouragements son bon cœur ne lui a-t-il pas alors dictés? Et n'est-ce pas toujours ce cœur genéreux qui lui a fait prononcer ces sublimes paroles : « Si je regrette la vie , c'est parce qu'il y » a encore trop de bien à faire autour de moi. »

» Oh ! messieurs , pour bien l'apprécier ce grand citoyen , il fallait le connaître dans toute son intimité. Et certes , si dans cette commune , il a existé contre lui quelques indifférents , peut-être même quelques ennemis , c'est pour n'avoir pas été assez connu d'eux.

» Habitants de la commmune de Vaux , venez donc tous autour de son cercueil lui offrir l'hommage de vos regrets. Venez , vous , honorables collègues , qui l'avez aidé dans ses travaux administratifs ; vous , artisans , ouvriers de toutes les classes qu'il avait tant à cœur de voir prospérer ; vous , malheureux indigents dont sa main bienfaitrice soulageât l'infortune ; vous , vignerons , serviteurs et servantes à qui sa générosité , son attachement offrait un asile assuré même contre les infirmités de la vieillesse. Venez , unissons notre douleur à celle de ses frères , de son épouse dévouée , de sa tendre mère , qu'il a laissés dans la consternation. Venez , et que nos larmes confondues attestent à jamais son attachement pour lui.

» O Dieu ! Quel coup tu viens de frapper ! Oui , notre perte est irréparable. Le seul espoir qni nous reste , c'est de penser que sa respectable famille continuera l'œuvre de bienfaisance et de régénération qu'il a si bien commencée.

» Adieu donc , fidèle ami , magistrat bien aimé , bon maître , bon frère , bon époux , bon fils , ton souvenir restera à jamais gravé dans la mémoire de tous ceux qui ont eu le bonheur de vivre sous ton administration... Adieu ! ! ! »

Discours prononcé par *M. Perréon*, ancien notaire, doyen en exercice des conseillers municipaux.

« Permettez, mes chers concitoyens, au doyen en exercice de vos fonctionnaires municipaux de dire un mot sur la tombe de l'homme dont nous déplorons tous, et à si juste titre, la mort prématurée.

» Je ne chercherai point à vous faire connaître le début ni les progrès rapides de M. Albin de Vauxonne dans la carrière des armes où il entra d'abord, après avoir terminé ses études scientifiques.

» Je ne vous parlerai donc ici que comme membre du conseil municipal et au nom du corps entier, pour vous rendre, autant que possible, les témoins de la satisfaction unanime que nous éprouvions dans nos réunions périodiques, lorsqu'en sa qualité de président il nous exposait d'une manière si sincère et si explicative la matière sur laquelle nous avions à délibérer ; avec quelle douceur il recevait les observations qui lui étaient faites par un ou plusieurs d'entre nous et quel empressement il mettait à saisir et profiter de celles qui étaient justes ; il résumait avec tant de clarté, de lucidité et de prévoyance l'objet de la délibération, que, chacun de nous après la séance levée se retirait persuadé qu'il avait parfaitement rempli son devoir.

» Personne mieux que nous n'a pu apprécier la bonté de son cœur, son désintéressement et son dévouement pour le bien de la commune, sa patience dans l'adversité et sa charité envers les malheureux.

» Qui nous aurait dit, lorsque nous jouissions avec tant de confiance de ses vertus paisibles, de sa société amicale, de son autorité protectrice, quand sa douce familiarité se mêlait à nos entretiens, quand son zèle éclairait de près nos intérêts et s'apprêtait à les savoir, qu'il était si heureux d'avoir, par ce qu'il appelait de légers sacrifices, contribué au bien-être de tous ? — Qui nous aurait dit, que la mort viendrait si tôt l'enlever à notre reconnaissance ?

Il n'est plus cet homme de bien ; il jouit maintenant du bonheur qu'il a mérité ; il ne me reste plus qu'à vous exprimer le vœu qui le préoccupait le plus à sa dernière heure, qui est que nous restions toujours unis.

» Adieu ! magistrat vertueux et à jamais regrettable, puisse votre successeur, sinon vous imiter en tout, marcher du moins ⁓⁓ʳ vos traces ! »

Discours prononcé par *M. Nesme* fils (Isidore),
un des grands propriétaires de la commune
de Vaux.

« MESSIEURS ,

» Permettez-moi , comme simple particulier et comme ami
de celui dont nous regrettons tous la perte , de prononcer
quelques mots sur cette tombe qui va bientôt se refermer
pour toujours.

» La mort dans sa course aveugle , vient d'enlever à la
tendresse de sa famille , à la vénération de toute cette commune, notre digne magistrat , dont je vais en peu de mots
vous rappeler les qualités , que vous avez été à même d'apprécier bien mieux que moi.

» Bon fils , bon époux , frère dévoué et surtout bon citoyen , M. Albin de Vauxonne, après dix-sept ans de glorieux
services dans la carrière militaire , a passé le restant de sa
vie , d'abord comme simple particulier , à faire le bonheur
de ses parents et de ses serviteurs ; ensuite , comme pre-
mier magistrat de cette commune , à faire le bonheur de
ses administrés.

» Toujours vous en avez été témoins , aux pauvres sa
bourse était ouverte , aux ouvriers braves et laborieux il se

faisait un plaisir de procurer du travail, à ses amis et même à ses ennemis, dans le besoin, il était tout dévoué.

» Enfin, messieurs, quoique décédé prématurément, on peut dire qu'il a parcouru une longue carrière, parce qu'elle a été pleine de qualités et de bonnes œuvres.

» Aussi Dieu a-t-il voulu que son serviteur qui, pendant sa vie, avait donné l'exemple de toutes les vertus civiles, terminât noblement sa carrière par la pratique de la piété la plus sincère et de la foi la plus ardente ; et c'est bien de lui, messieurs, que l'on peut dire avec justice, il a fait le bien pendant sa vie et après sa mort. »

3